projekt:731

Eckart Balz, geb. 1959 in Gadderbaum, wuchs in Bielefeld auf, arbeitet nach einer Zeit in Regensburg an der Bergischen Universität Wuppertal, lebt mit Familie in Theesen und hat eine Datsche in Potsdam/Groß Glienicke. – Verschiedene Lesungen und Veröffentlichungen von Lyrik in Anthologien und Zeitschriften, zuletzt der Gedichtband „Stillgelegte Gleise" (2019 im chiliverlag), Preis für das Gedicht „Stück vom Glück", jetzt das „projekt:731. Lyrik im Längsschnitt".

Eckart Balz

projekt:731

Lyrik im Längsschnitt

projekt:731

Ich will jetzt bald beginnen,
ein weites Netz zu spinnen,
am Tag zwei Zeilen aufzuschreiben,
mein Leben so mit Versen einzureiben.

In Zwanzigneunzehn möcht ich starten
und kann es nunmehr kaum erwarten,
zwei Jahre fortan lyrisch auszugießen,
um zwanzigzwanzig abzuschließen.

(aus dem Gedichtband *Stillgelegte Gleise*)

Vorwort

Das *projekt:731* ist ein besonderer lyrischer Versuch. Über den Zeitraum von zwei Jahren habe ich, Tag für Tag, zwei Zeilen aufgeschrieben und das Leben so alltagslyrisch „mit Versen eingerieben".

Herausgekommen ist ein zweijähriger Zyklus, der hier thematisch in 18 Kapitel gegliedert wird: Einstiege (I), Menschen (II), Umgebungen (III), Ereignisse (IV), Gedichte (V), Reisen (VI), Gespräche (VII), Arbeiten (VIII) und Geschichten (IX), Betrachtungen (X), Gefühle (XI), Irritationen (XII) und Bilder (XIII), Verwerfungen (XIV), Vorgänge (XV), Bewegungen (XVI), Aphorismen (XVII) und Ausstiege (XVIII). In jedem Kapitel ist ein Ausschnitt als Leseprobe – grau unterlegt – hervorgehoben.

Nach dem Band „Stillgelegte Gleise" (mit 89 ausgewählten Gedichten), einem Postkarten-Kalender „Potsdamer Poesie", weiteren Veröffentlichungen (z.B. in Literaturmagazinen sowie Anthologien), manchen Lesungen und einem schönen Preis wird meine lyrische Reise mit diesem Projekt nunmehr so gut wie beendet: vielleicht noch mal was Kleines, aber keine größeren Vorhaben mehr – genug gedichtet?

Herzlich danke ich allen, die mich mit Verständnis und Interesse begleitet haben. Nicht zuletzt geht mein Dank an den chiliverlag, in dem auch dieser Band erscheinen durfte. Den gewogenen Leser*innen wünsche ich viel Freude.

Eckart Balz

I. Einstiege

Di 01.01.2019
Am Tag zwei Zeilen aufzuschreiben,
zwei Jahre ohne steh'n zu bleiben:

Mi 02.01.2019
Nun dies *Projekt* durchs Leben treiben,
es lyrisch fortan so mir einverleiben?

Do 03.01.2019
Ich müsste Tag für Tag was finden,
den *Lauf der Dinge* an mein Leben binden.

Fr 04.01.2019
Und könnte mir das wohl gelingen,

nur – *ohne mich hernach zu zwingen?*

Sa 05.01.2019
Ja, sollt ich *frei heraus* von Allem sprechen ...
statt schweigen: übers Lügen, Drücken, Zechen?

So 06.01.2019
Und gäb's bestimmte *Themen oder Fragen,*
nicht bloß Momente mancher Lebenslagen?

#

Mo 07.01.2019
Mal bräucht' es Verse, Takte, Formen,
mal wenig Maße, Reime, Normen.

Di 08.01.2019
Vielleicht zunächst: es *jetzt versuchen, starten!*
Nicht erst noch auf Konzepte warten ...

Mi 09.01.2019
hinein mich schreiben, über meine Schulter schauen,
es sich entwickeln lassen, etwas nachjustieren.

Do 10.01.2019
Also geht es los –
bin eigentlich schon *dabei.*

Fr 11.01.2019
Habe derzeit *Raum und Freude,*
denke, dass ich nichts vergeude,

Sa 12.01.2019
sondern jeden Tag *genieße,*
ferner: dieses Werk beschließe.

So 13.01.2019
Die *Muße* an einem Sonntagmorgen.
Nur Waldkäuzchen und Elbengesang.

Mo 14.01.2019
Montags: in die Woche kommen,
Fahrt aufnehmen, Rhythmus finden.

Di 15.01.2019
Dienstags: etwas weiter kommen,
dies mal klären, Rhythmus halten.

Mi 16.01.2019
Mittwochs: weiter vorwärts kommen,
Kraft einteilen, Rhythmus halten.

Do 17.01.2019
Donnerstags: mal zu Potte kommen,
das noch klären, Rhythmus halten.

Fr 18.01.2019
Freitags: etwas runter kommen,
Fahrt rausnehmen, Rhythmus lockern.

Sa 19.01.2019
Samstags: was erledigen – sich auch
Zeit nehmen, Rhythmus wechseln.

So 20.01.2019
Sonntags: nichts erledigen – sich mehr
Zeit nehmen, Muße finden.

#

Mo 21.01.2019
Lass uns übers *Wetter* reden;
der letzte Sommer war sehr groß.

Di 22.01.2019
So haben wir nicht jeden;
der *Winter* schickt jetzt seine Kälte los.

Mi 23.01.2019
Mit *Frost* bedeckt er Feld und Flur,
kalt lächelnd schaut die Sonne zu.

Do 24.01.2019
Eis, Schnee, Regen
auf den Wegen.

Fr 25.01.2019
Es friert.
Uns friert.

Sa 26.01.2019
Lange *dunkle* Stunden
schlagen ihre Wunden.

So 27.01.2019
Graupel-Kapriolen-Reigen.
Lass uns übers Wetter *schweigen*!

#

Mo 28.01.2019
Ich pendle mit der Bahn:
nach *Wuppertal* …

Di 29.01.2019
Ist manchmal recht verfahr'n,
sonst läuft's – *egal.*

Mi 30.01.2019
Bin grad an Schwelm vorbei
im *Bergisch Einerlei.*

Do 31.01.2019
Steige selten in die *Schwebebahn*,
meist hat's schon der Bus getan.

Fr 01.02.2019
Nur am Freitag bin ich nie da,
montags *regelmäßig* wieder!

Sa 02.02.2019
Die *Uni* auf dem Grifflenberg
ist kein Schatz,

So 03.02.2019
für mich jedoch ein guter
Arbeitsplatz.

Mo 04.02.2019
Unabhängig von dem Wo
mag ich meine Arbeit so,

Di 05.02.2019
wie sie *derzeit* ist,
wie sie *bisher* war. #

Mi 06.02.2019
Arbeit aber ist nicht alles,
sondern *Teil* des Ganzen,

Do 07.02.2019
breche meine Lanzen
auch im *Falle eines Falles*

Fr 08.02.2019
für *Familie, Freizeit, Sport*
und so weiter und so fort,

Sa 09.02.2019
für *Reisen, Kunst, Kultur,*

vielleicht ein Schwätzchen auf dem Flur;

So 10.02.2019
Auszeit liegt mir nicht so fern –
und: *Ich schlafe wirklich gern.*

II. Menschen

Mo 11.02.2019
Wer sind denn *hier*
– neben mir –

Di 12.02.2019
handelnde *Personen*,
die dem Ganzen innewohnen?

Mi 13.02.2019
Nicht alle sind zu nennen,
die mich ein bisschen kennen,

Do 14.02.2019
vermutlich reichen jene,
die ich doch *näher* wähne:

Fr 15.02.2019
Familie, Freunde – engere
Kollegen und Bekannte …

#

Sa 16.02.2019
Hab keine Omas, Opas mehr.
Mein Vater starb vor vierzehn Jahren.

So 17.02.2019
Ansonsten alle da, zuallererst: *Tina*;
Benni, Max und Konsi – *unsere drei Kinder.*

Mo 18.02.2019
Meine Mutter *J.*, Schwiegermutter A.;
Bruder *B.* mit Family, dito Schwager U..

Di 19.02.2019
Freunde: von früher und von heute;
Doko, *Fußball* – andre liebe Leute.

Mi 20.02.2019
Kollegen, *wirklich gute,*
und Nachbarn, *nett* zu Mute.

Do 21.02.2019
Das war's dann auch,
mehr hab und brauch ich nicht.

Fr 22.02.2019
Ich kann auch gut
alleine sein.

Sa 23.02.2019
Wie J. mit grauen Haaren
und bald *achtundachtzig* Jahren.

So 24.02.2019
Manche wollen öfter
unter Leute gehen,

Mo 25.02.2019
sprechen gerne jemand an,
immerfort und irgendwann.

Di 26.02.2019
Doch das muss nicht sein,
darf sich vielmehr ab und zu ergeben:

Mi 27.02.2019
unser kleines Leben
zwischenmenschlich zu verweben.

Do 28.02.2019
Gerade ist *Geburtstagszeit,*
heut sind Bernd und Uli dran –

Fr 01.03.2019
so hat jeder *seinen Tag,*
den man etwas feiern mag;

Sa 02.03.2019
sofern man *Feiertage* mag,
ganz anders als ein jeder Tag;

So 03.03.2019
wenn wir Menschen uns *erheben,*
über Frust und Alltag schweben.

Mo 04.03.2019
Gilt für viele Leute

auch am Rosenmontag: *heute.*

Di 05.03.2019
Familie, Ehe, Kinder
sind zumeist die *engsten Bande,*

Mi 06.03.2019
die auch nicht *ewig halten*
müssen – umso schöner,

Do 07.03.2019
wenn wir sie *entfalten,*
um nicht zu erkalten.

Fr 08.03.2019
Mit Freunden geht das auch
auf größere *Distanzen,*

Sa 09.03.2019
man ist sich balde *wieder nah,*
so wie es früher immer war.

So 10.03.2019
Doch von dieser Nähe
gibt es *wenig,*

Mo 11.03.2019
und wie ich das sehe,
ist's mir fast *genug.*

#

Di 12.03.2019
Freue mich,
daheim zu sein,

Mi 13.03.2019
freue mich,
wenn *Tina heimkommt,*

Do 14.03.2019
wenn die *Kinder*
vorbeikommen,

Fr 15.03.2019
freue mich
über *manchen* Besuch,

Sa 16.03.2019
auf manche Feste,
Treffen, Wiedersehen,

So 17.03.2019
freue mich
über ein *nicht Zuviel.*

#

Mo 18.03.2019
Bleiben *die Momente*
größerer Gefühle:

Di 19.03.2019
Liebe, die geglückten
Zeiten –

Mi 20.03.2019
Trauer, die getrübten
Tage –

Do 21.03.2019
Freude, die geteilten
Stunden –

Fr 22.03.2019
die Momente

voll Berührung,

Sa 23.03.2019
so *klein*
wie groß,

So 24.03.2019
so rar
wie *schön*

III. Umgebungen

Mo 25.03.2019
Das weite All,
die eine Welt.

Di 26.03.2019
Mein Erdteil:
Europa.

Mi 27.03.2019
D – mittendrin,
kein leichtes Land.

DO 28.03.2019
Und eine *Stadt,*

die es nicht gibt?

Fr 29.03.2019
Heimat, die
ist *hier!*

Sa 30.03.2019
Waren eine Woche
in den Bergen,

So 31.03.2019
Damüls –
Bregenzer Wald;

Mo 01.04.2019
fühlt sich wie
ne *dritte Heimat* an:

Di 02.04.2019
„*Fuchsloch*“-Hütte,
Gasthof „Glöckle“,

Mi 03.04.2019
Kirche, Wege,
Lifte, *Pisten* –

Do 04.04.2019
alles recht
vertraut.

Fr 05.04.2019
Ähnlich wie
im *Schullandheim,*

Sa 06.04.2019
Nordseeinsel
Langeoog:

So 07.04.2019
der Weg zum
Strand,

Mo 08.04.2019
der Blick aufs
Meer –

Di 09.04.2019
auch Anselm's
Bild.

Mi 10.04.2019
Ähnlich wie
in *Regensburg,*

Do 11.04.2019
einst Arbeitsplatz,
jetzt *Reiseziel:*

Fr 12.04.2019
zur *Donau* hin,
ins Naabtal rein –

Sa 13.04.2019
der Kneitinger,
die *hehre Stadt,*

So 14.04.2019
und *Würst'l*
mit viel Kraut.

Mo 15.04.2019
Zu Hause steht

der Küchentisch.

Di 16.04.2019
Zu Hause bleibt
ein *Sammelpunkt.*

Mi 17.04.2019
Zu Hause wird
privat gefunkt.

Do 18.04.2019
Sofaecke, warme Decke,
die *Seele* eingetunkt.

Fr 19.04.2019
Zu Hause ist
der *Ausgangspunkt*:

Sa 20.04.2019
Tag für Tag
nach da und dort.

So 21.04.2019
Zu Hause bleibt
der *Rückkehrpunkt*:

Mo 22.04.2019
zu Hause steht
mein *Bett.*

#

Di 23.04.2019
Zwischen dem Daheim
in *Bielefeld*

Mi 24.04.2019
und entfernt vertrauten *Orten*
wie Regensburg

Do 25.04.2019
sind als *zweite Heimat* nah:
Groß Glienicke und Wuppertal.

Fr 26.04.2019
Habe an der Uni
mein *Büro*,

Sa 27.04.2019
schau auf
Wuppertal hinab,

So 28.04.2019
auf Elberfeld
und *Hauptbahnhof*;

Mo 29.04.2019
mache manche Arbeit
hier sehr *gern*,

Di 30.04.2019
mag meine *Kurse, Bücher und Projekte,*
die Wuppertaler Anti-Show-Effekte.

#

Mi 01.05.2019
Zweitwohnsitz und Sehnsuchtsort:
Potsdam – *Groß Glienicke,*

Do 02.05.2019
habe in der Gegend
eine *Datsche,*

Fr 03.05.2019
schau zum
Königswald hinaus,

Sa 04.05.2019
zu *beiden Seen*
ein Katzensprung;

So 05.05.2019
komme *jeden Monat*
wieder her,

Mo 06.05.2019
mag meine Touren, Treffen und Projekte,
die *Ostprovinzen-Slower-Down-Effekte.*

IV. Ereignisse

Di 07.05.2019
Was bloß *hebt sich* ab:
aus den Alltags-Trab?

Mi 08.05.2019
Was nur *sticht hervor*:
aus dem Einheits-Flor?

Do 09.05.2019
Gibt es *Tage*
oder Stunden,

Fr 10.05.2019
die noch *mehr* sind
als gewohnte Runden?

Sa 11.05.2019
Wie, wo, wann
hat sich das begeben,

So 12.05.2019
welch Geschehen
war da zu *erleben,*

Mo 13.05.2019
hat sich absehbar
oder zufällig ergeben?

#

Di 14.05.2019
Erstmal steht die *Hochzeit* an:
Max und Nora sind jetzt dran!

Mi 15.05.2019
Feiern avisiert für Ende Mai,
im September sind sie *drei.*

Do 16.05.2019
Ben und Linda hatten´s schon:
saßen zwanzigsiebzehn auf dem Hochzeits*thron*.

Fr 17.05.2019
„Schönster Tag im Leben"?
Kann sich später *geben* …

Sa 18.05.2019
Jedenfalls ein *Freudenfest*,
für die Zukunft: all the best!

So 19.05.2019
Vorbereitend ist noch einiges
zu tun,

Mo 20.05.2019
darf für alle bis auf weniges
nicht ruh´n.

Di 21.05.2019
Ja – so ein Ereignis
wirft seine Schatten *voraus*:

Mi 22.05.2019
eine Hochzeitstorte, eine Hochzeitsrede,
planen, sprechen, helfen, *schenken* …

Do 23.05.2019
mehr noch scheint mir zu bedenken,
dass die Beiden dies Ereignis *selber lenken*.

Fr 24.05.2019
Heute *heiraten* N. Th. & M. B., morgens standesamtlich
in der Liesbergmühle, nachmittags „entspannt" auf dem
Spenger Hof.

Sa 25.05.2019
Jetzt geht's Schlag auf Schlag –
werde *60*, heut am Tag;

So 26.05.2019
hatte etwa fünfzig *Gäste*
zu dem nachmittäglich netten Feste,

Mo 27.05.2019
das, im „Möpken" ausgerichtet
und mit *Lyrik* angedichtet,

Di 28.05.2019
sehr westfälisch, froh und

mitteilsam verlief

Mi 29.05.2019
sowie im Nachhinein schöne
Resonanz berief.

Do 30.05.2019
Bin nun auf der Tagung:
dvs in Heidelberg – Versammlung,

Fr 31.05.2019
Vortrag, Austausch,
Abgang, Rückfahrt.

Sa 01.06.2019
Ist etwas auch dann noch ein Ereignis,
wenn es sich (bloß) *wiederholt*?

So 02.06.2019
Die *dritte* Hochzeit,
der siebzigste Geburtstag,

Mo 03.06.2019
die *vierzigste* Tagung,
der 190. Vortrag?

Di 04.06.2019
Bin dagegen *selten krank* gewesen
in den letzten Jahren,

Mi 05.06.2019
will aber jetzt von einer Bronchitis schnell genesen
und sowas möglichst weit *umfahren*.

Do 06.06.2019
Doch böse Überraschungen
kommen immer *ungebeten*,

Fr 07.06.2019
lauern heimtückisch uns auf,
treten *umwerfend* ins Leben.

Sa 08.06.2019
Ereignisse *geschehen* –
wir lenken sie nicht.

V. Gedichte

So 09.06.2019 9
Gedichte sind für mich:
Stimmungsbilder.

Mo 10.06.2019
Die Botschaft:
Poesie bewahren!

Di 11.06.2019
Mit den Worten von Adel Tawil,
umgedichtet – also *gecovert:*

Mi 12.06.2019
„Und ich spreche diese *Verse,*

tanz mit Tränen durch die Strophen

Do 13.06.2019
und ich steh im Lyrik-Regen,
will ein *stiller* Dichter sein.

Fr 14.06.2019
Rilke wird uns immer lieben
und Goethe lässt uns *nicht allein.*

Sa 15.06.2019
Und so schreib ich meine Verse."
Melancholisch im Grundton:

So 16.06.2019
sofern mich eine Stimmung *umfängt,*
sofern mich nichts und niemand bedrängt.

Mo 17.06.2019
Hatte, das war ne längere Geschichte,
einen ersten Band *unveröffentlichter* Gedichte,

Di 18.06.2019
dann mal was in Anthologien
und in Lyrik-Zeitschriften *publiziert,*

Mi 19.06.2019
auch Gedichte *gelesen* auf der NRW-Tag-Bühne
und in einem Ludwigsburger Literaturcafé;

Do 20.06.2019
es gab das *kleine Bändchen*
„Zwischen all den Jahren"

Fr 21.06.2019
und nun aus *guten Händchen*
– in dem Verler „chiliverlag" –

Sa 22.06.2019
der Lyrik-Band *„Stillgelegte Gleise"*
quasi als gesammeltes Werk;

So 23.06.2019
final folgt gerade nach:
dieses *projekt:731.*

#

Mo 24.06.2019
Melancholisch im Grundton
klingt mithin wie *welker Mohn:*

Di 25.06.2019
„auf dieser losen schale stummer gefühle
geht die reise ins *leere* / wir treiben / wehmut

Mi 26.06.2019
schlägt höher über uns zusammen / wir rudern,
fester noch an uns selbst *gekettet* / doch erhoffen

Do 27.06.2019
nichts, verzagen und *versinken* / in jenem meer
voll schwarzer tinte, voll stillem wein / und bald

Fr 28.06.2019
schon schweben wir / starr am kühlen grund /
dunkelheit tut dort ihre *seltsamen wunder* / ja

Sa 29.06.2019
alles hat schon losgelassen / nur die trüben
träume bleiben uns / verfallen erst im *fernsten* /

So 30.06.2019
in ungeahnten Zeiten ohne jede traurigkeit / in
wunderweißen räumen / *ohne* jede poesie"

#

Mo 01.07.2019
Gedichte ganz im Ton wie welker Mohn?
„Klingen *erdig*", meinte jemand schon.

Di 02.07.2019
Einigen *gefällt* vielleicht mal was,
anderes erscheint vielmehr zu blass.

Mi 03.07.2019
Franzi fand die Sprache *klar*,
käme unverschnörkelt rüber;

Do 04.07.2019
Hellmuth tituliert es *„klassisch"* gar,
sein Niveau liegt deutlich drüber.

Fr 05.07.2019
Ich denke, trotz des welken Mohns
sind die *gesammelten* Gedichte

Sa 06.07.2019
in Form und Inhalt recht *verschieden*,
habe kaum diesen oder jenen Stil gemieden;

So 07.07.2019
Frau Doßmann schreibt im Blatt „NW"
vom *„Lob der inneren Bewegung".*

Mo 08.07.2019
Für „Stillgelegte Gleise"
heißt *lyrisch* auf der Reise:

Di 09.07.2019
„Hier fuhr mal was.
Da *läuft nichts mehr.*

Mi 10.07.2019
Abgefahren. Stillgelegt.
Tote Gleise: *junge Birken*."

Do 11.07.2019
Nun folgt noch dieser letzte Band
zweijähriger Zyklen,

Fr 12.07.2019
ich stoße damit an den *Rand*
lyrischer Versuche.

Sa 13.07.2019
Was dann bleibt, sind
ein paar *liebste* Verse

So 14.07.2019
und ein *Gefühl von Poesie,*
das durch den Alltag trägt.

VI. Reisen

Mo 15.07.2019
Lyrisch auf der Reise
heißt auch, *unterwegs* ganz leise

Di 16.07.2019
– an zugewandten Orten –
einzutauchen, hinzuschauen

Mi 17.07.2019
und – fern von leeren Worten –
aufzumerken, *nachzuspüren*.

Do 18.07.2019
Und Reisen gibt es manche,
schon *dienstlich*: Konferenzen,

Fr 19.07.2019
die Sitzung im Präsidium,
Vortragsreisen drumherum.

Sa 20.07.2019
Ansonsten fahr ich einmal *jährlich* gern:
im Winter in den Vorarlberg,

So 21.07.2019
im Sommer inselfreudig an das Meer
sowie nach Regensburg und *sonstwohin.*

#

Mo 22.07.2019
Besonders gerne geht's
auf die *grüne Insel,*

Di 23.07.2019
denn Irland hat uns stets
dort mannigfach *verzaubert*:

Mi 24.07.2019
wo wunderbare *Wolken* sich am Himmel halten
und hinter Mauern noch Dämonen walten,

Do 25.07.2019
wo *Torfgeruch* in weit entfernte Buchten weht
und moosbedeckt ein schiefer Grabstein steht,

Fr 26.07.2019
wo Lachse tief in klaren Flüssen schwimmen
und Instrumente sich nach alten *Liedern* stimmen,

Sa 27.07.2019
wo raue Menschen freundlich *nicken*
und sinnend auf so viele Kreuze blicken,

So 28.07.2019
wo der *Atlantik* an die Küste schlägt
und satte Landschaft sich in Frieden wägt,

Mo 29.07.2019
von *Achill Island* bis zur *Bantry Bay*,
von *Brandon Pier* zum *Strand bei Inch.*

#

Di 30.07.2019
Jeden Monat geht die Reise
einmal nach Groß Glienicke,

Mi 31.07.2019
komme oft auf diese Weise
meiner *zweiten Heimat* nah.

Do 01.08.2019
Bleibe meist nur zwei, drei Tage,
im September und zu Pfingsten sechs am Stück.

Fr 02.08.2019
Gehe laufen, schwimmen, radeln –
in Berlin und Potsdam auf *Kulturbesuch*,

Sa 03.08.2019
habe *morgens* dies und das zu tun, *nachmittags* noch was zu sichten, *abends* lecker essen, *nachts* ein Bett und warmes Tuch.

So 04.08.2019
Genieße voll und ganz, / dass ich's hier so fand!

#

Mo 05.08.2019
Im Sommer reisen wir *zwei Wochen*
nach da und dort,

Di 06.08.2019
nach Guernsey, Jersey – an die Nordsee
oder einen *andren Ort*.

Mi 07.08.2019
Diesen Sommer eine *große* Reise
nach: Vancouver, Canada.

Do 08.08.2019
Einen Tag im *Stanley Park* –
zum Capilano Lake, nach Whistler in die Berge,

Fr 09.08.2019
English Bay mit Meeresbad,
Downtown und die *Waterfront*.

Sa 10.08.2019
Dann per „BC Ferries" rüber
nach: Vancouver *Island*,

So 11.08.2019
auf die die andre Seite –
Ucluelet, Pacific Rim.

Mo 12.08.2019
Über Trails zum Beach
der *Florencia Bay,*

Di 13.08.2019
am *Wild Pacific Way* –
durch Regenwald, das Meer in Sicht.

Mi 14.08.2019
Auf dem West Coast Trail *erspäht*:
eine Robbe, zwei Seeadler, drei „Blas" vom Wal.

Do 15.08.2019
Die Tagestour nach Parksville,
das Schwimmen im *Kennedy Lake*

Fr 16.08.2019
und nochmal nach *Tofino,*
nochmal an den tollen Strand;

Sa 17.08.2019
letzte Nacht in Richmond,
Hotel *„Sandman(n)"*.

So 18.08.2019
Mit *Condor* dann zurück,
ein halber Tag am Stück.

#

Mo 19.08.2019
Von solchen *großen Reisen,*
muss der Welt das nicht beweisen,

Di 20.08.2019
darf es selten *ausgewählte* geben,
will nicht ständig über Wolken schweben.

Mi 21.08.2019
Vielleicht noch nach Südafrika,
Neuseeland oder Panama?

Do 22.08.2019
Europa durchwandern irgendwann,
ist auch schon ne *Kreuzfahrt* dran?

Fr 23.08.2019
Ein Sommer auf deutschen Inseln
oder gleich mal *um die ganze Welt*?

Sa 24.08.2019
Sofern man`s nicht mit Gottfried Benn mehr hält,
der Reisen *skeptisch* an den Pranger stellt –

So 25.8.2019
ihm zufolge vielleicht doch *besser*: „bleiben und
stille bewahren / das sich umgrenzende Ich"?

VII. Gespräche

Mo 26.08.2019
In den meisten Wochen
wird, für mich, *zu viel* gesprochen.

Di 27.08.2019
Nicht mal recht *bedacht,*
ist der der Satz schon ausgebracht.

Mi 28.08.2019
Oftmals wird auch ziemlich lang
dasselbe oder *drumherum* geredet,

Do 29.08.2019
über monologes „Wer-will-das-noch-wissen?“

vielmehr ein Gespräch *zer*redet.

Fr 30.08.2019
Ein Gespräch zu führen aber meint:
sich *auszutauschen,*

Sa 31.08.2019
miteinander zu reden,
sich auch zuzuhören,

So 01.09.2019
etwas *abzuwägen,*
nicht bloß abzuladen.

#

Mo 02.09.2019
Sprechen kann man über *Vieles,*
über Tiefes wie Alltägliches,

Di 03.09.2019
über Sport, Beruf und Liebe wie auch Tod,
über Urlaub, Kinder, *Gott sowie die Welt.*

Mi 04.09.2019
Sprechen kann ich:
mit mir *selbst* –

Do 05.09.2019
im Freundes- und Familienkreis,
mit *wem* auch immer –

Fr 06.09.2019
kürzer oder ausgedehnt,
offen oder manches unerwähnt –

Sa 07.09.2019
im Gehen, Stehen oder *Sitzen*,
die Griechen früher gern im Liegen –

So 08.09.2019
als Pflicht, weil Gespräche dran sind,
als Kür, weil Gespräche *nett* sind.

#

Mo 09.09.2019
Neben netten gibt es auch:
Gespräche, die eher *schwierig* sind,

Di 10.09.2019
die man sich nicht zu führen sehnt,
die doch mal sein *müssen* – Kind!

Mi 11.09.2019
Mit Konsi übers Studium,
mit X und Y – *geschwind*!

Do 12.09.2019
Wenn nicht, verbleiben sie
als: *verpasste* Gespräche …

Fr 13.09.2019
was man immer sagen wollte,
aber nie den *Zugang* fand,

Sa 14.09.2019
den Mut und richtigen *Moment*,
Worte, die man anerkennt.

So 15.09.2019
Hab mit Oli *lang* gesprochen,
zwei Tage, heute mit den Doko-Jungs:

Mo 16.09.2019
Was mal *war* und was wo *läuft*,
wird im Gespräch gewendet,

Di 17.09.2019
wichtiger noch scheint,
was *künftig* sich vollendet;

Mi 18.09.2019
was aber kommen mag,
wer weiß es – *sag*!

Do 19.09.2019
Hab auch auf dem Hochschultag
schon fast zu viel *gesprochen*;

Fr 20.09.2019
darf nun wieder *runterkochen*
in den nächsten Wochen –

Sa 21.09.2019
will nochmal mit Benni reden,
möchte aber *kein* Gespräch für Jeden.

So 22.09.2019
Weltweit wird das Klima jetzt traktiert,
familiär das Enkelkind *perspektiviert*.

Mo 23.09.2019
Heißt nicht Smilla und nicht Enny,
sondern eine *Zoé* wird geboren,

Di 24.09.2019
heute Nacht um elf nach drei
hat sie diese Welt sich *auserkoren*.

Mi 25.09.2019
Noch kann niemand wirklich *mit* ihr sprechen,
doch ihr Blick vermag ein jedes Wort zu brechen

Do 26.09.2019
und ihr *Mund* bewegt sich so,
als sei im Gespräch und – froh.

Fr 27.09.2019
Mit ihr und ander'n, die hier nicht zugegen,
kann ich fiktiv mich ins Gespräch *begeben*.

Sa 28.09.2019
in Gedanken gute Argumente ziehen,
mit *geschützten* Worten ausgeliehen,

So 29.09.2019
mich unterhalten hin und her,
wie wenn es *faktisch* wär.

#

Mo 30.09.2019
Müssten mal den Urlaub *planen*:
Zeit und Ziel fürs nächste Jahr –

Di 01.10.2019
lege meinen *Vorschlag* dar,
um den Weg zu bahnen,

Mi 02.10.2019
doch für Tina viel zu früh,
sich im Gespräch jetzt *festzulegen*;

Do 03.10.2019
so verläuft sich manche Müh
ganz *unverbindlich* gar

Fr 04.10.2019
und bleibt ergebnislos –
hat nichts *erbracht*,

Sa 05.10.2019
nichts klar gemacht,
nur immerhin *gezeigt*:

So 06.10.2019
Gesprächs*bedarf*, habt Acht,
sich kaum zu Ende neigt!

VIII. Arbeiten

Mo 07.10.2019
Mein *Mail*-Account
ist eben abgeschmiert,

Di 08.10.2019
da war ich *fast* gelähmt –
doch er wurde repariert,

Mi 09.10.2019
so dass ich wieder *busy* bin
und auf die nächste Nachricht sinn'.

Do 10.10.2019
Arbeit aber ist viel *mehr:*

ist *Lehre* in den Kursen,

Fr 11.10.2019
heißt *Prüfen* von Studenten
und *Forschen* in Projekten,

Sa 12.10.2019
heißt *Publizieren*, Schulbesuch,
Ämter und Verwaltung,

So 13.10.2019
heißt *Präsentieren*, Fortbildung,
Stellen und Beratung …

Mo 14.10.2019
Heute ist Herbstferienbeginn –
für mich: der Start ins *Wintersemester*,

Di 15.10.2019
bin jetzt wieder fest im *Takt*,
habe rundum gut zu tun,

Mi 16.10.2019
nehme mal den frühen,
mal den „späten“ *Zug,*

Do 17.10.2019
bin bis Donnerstag
in Wuppertal *präsent,*

Fr 18.10.2019
freitags in der Bib
der Uni Bielefeld –

Sa 19.10.2019
von Fall zu Fall auch
dienstlich *unterwegs,*

So 20.10.2019
gelegentlich und gern
im *Homeoffice* aktiv …

#

Mo 21.10.2019
Muss noch einen Beitrag
fertig schreiben,

Di 22.10.2019
dies und das alsbald
erledigen –

Mi 23.10.2019
noch ne *Sitzung,*
eine Telefonkonferenz etc.

Do 24.10.2019
Danach und möglichst schnell
das *Gutachten* –

Fr 25.10.2019
noch ne *Power-Point-Präsentation,*
die Korrekturfahne etc.

Sa 26.10.2019
Muss noch *diesen* Beitrag
gegenlesen,

So 27.10.2019
all das bald, recht bald
abarbeiten …

#

Mo 28.10.2019
Wir starten in die nächste Woche,

da fällt noch *andre* Arbeit an:

Di 29.10.2019
zu Haus – im *Haushalt* aufräumen,
Spülmaschine ausräumen, was wegbügeln,

Mi 30.10.2019
den Müll rausstellen,
den *Maulwurf* bändigen;

Do 31.10.2019
gibt so einiges zu tun,
bevor die *Pflichten* ruhn –

Fr 01.11.2019
die Post noch inspizieren,
den *Kalender* aktualisieren,

Sa 02.11.2019
groß Einkaufen gehen,
Garten – *Rasen mähen,*

So 03.11.2019
sonntags *Essen* kochen,
nichts vergessen über Wochen.

#

Mo 04.11.2019
Die meisten Dinge
mag ich – *gerne* – tun,

Di 05.11.2019
will auch selbst nicht ruhn,
bevor sie *fertig* sind;

Mi 06.11.2019
die meiste Arbeit
macht mir *Freude*, echt –

Do 07.11.2019
muss *nicht ganz perfekt,* doch
darf nicht werden: schlecht.

Fr 08.11.2019
Plane meist schon früh,
was-wie-wo-und-wann,

Sa 09.11.2019
kalkulier die ganze Müh,
teil sie dann in *Schritte* auf;

So 10.11.2019
gehe Schritt für Schritt voran
und strahle, wenn alles ist *getan.*

#

Mo 11.11.2019
Arbeit ist nicht alles,
geht *nicht über alles.*

Di 12.11.2019
Stunden, Tage, Wochen *ohne*
– in der tief entspannten Zone –

Mi 13.11. 2019
sind genauso wichtig,
zur Balance auch *richtig*,

Do 14.11.2019
Aufgaben dann erstmal nichtig.
Ja, *„Nichtstun“* wird zur Krone

Fr 15.11.2019
gelegentlicher Lebenskunst –

und *Gunst*, die dem Alltag innewohne.

Sa 16.11.2019
Mails, Kalender, Texte, Listen:
die verschwinden *mal* in Kisten;

So 17.11.2019
auch wenn sie niemand nimmt –
die nächste Arbeit kommt bestimmt.

IX. Geschichten

Mo 18.11.2019
Gute Geschichten möchte man
gern erleben, hören und *erzählen;*

Di 19.11.2019
ich trage hier mal *zwei* heran,
dann kann man lesen und auch wählen.

Mi 20.11.2019
Erste Geschichte –
„Die Decke“:

Do 21.11.2019
Haben eine schöne Schurwolldecke
von *Marzotto,*

Fr 22.11.2019
Plaid aus Merino – anthrazit und weich,
hängt *zu Hause* überm Stuhl.

Sa 23.11.2019
Wollt ich in die Datsche lotsen,
hätte *gut dahin gepasst,*

So 24.11.2019
wurde allerdings bemerkt
und sogleich *zurückgewünscht.*

Mo 25.11.2019
Hab darauf im Internet gesucht,
sie bei *Linen Lounge* bestellt,

Di 26.11.2019
ne Bestätigung gekriegt
und die Rechnung gleich *bezahlt,*

Mi 27.11.2019
doch hernach –
so *gar nichts mehr gehört*,

Do 28.11.2019
mir dann dies und das gedacht
und mal nach *Betrug* gefragt …

Fr 29.11.2019
Herr Frohmann (aus der Lounge) verneint,
denn sie sei *gewiss verschickt*;

Sa 30.11.2019
stellt nach Prüfung aber fest:
Oh nein, sie *fehlt*!

So 01.12.2019
„Die Italiener" will er nunmehr kontaktieren
– auf leider *ungehörten* Wegen –

Mo 02.12.2019
und das Bestellte jetzt verstört *stornieren*,
dem wiederum steh ich entgegen.

Di 03.12.2019
Das fänd ich nämlich *äußerst schade*
und setze nochmal nach –

Mi 04.12.2019
Herr Frohmann mailt sodann:
„Sind heute in *Sizilien*,

Do 05.12.2019
am Freitag bei Marzotto,
bringen gleich von dort *die Decke mit*!"

Fr 06.12.2019
Fürchte kurz, das sei ein *Scherz,*
doch es scheint fürwahr zu stimmen,

Sa 07.12.2019
so dass mir *Hoffnung* bleibt
– auf das gute Stück.

So 08.12.2019
Nur, diese wird recht jäh *enttäuscht,*
weil Herr Frohmann zwar berichtet:

Mo 09.12.2019
„Haben zwei bekommen!",

mein Anteil aber ist jetzt *falsch gewichtet,*

Di 10.12.2019
denn „das Team", es habe so *gerichtet,*
„die beiden Damen zu bedienen ..."

Mi 11.12.2019
Ich als männlich braver Kunde,
schaue in die *leere* Runde,

Do 12.12.2019
finde den Betrag alsbald erstattet,
meinen Wunsch jedoch bestattet:

Fr 13.12.2019
Das war's dann mit der Decke,
kriegt man eben nicht an jeder Ecke.

Sa 14.12.2019
In der Datsche liegt nun *eine and're,*
nicht so weich, nicht ganz gleich,

So 15.12.2019
aber warm –
alles gut: *kein Harm!*

#

Mo 16.12.2019
Zweite Geschichte –
„Die Durchsage“:

Di 17.12.2019
Bin viel *DB* gereist,
zwar noch nie mit ihr entgleist,

Mi 18.12.2019
habe aber doch so *Einiges* erlebt,
dass schon mal der Bahnsteig bebt.

Do 19.12.2019
Bin seit über zwanzig Jahren
per *Bahncard 100* durch das Land gefahren;

Fr 20.12.2019
und zum Ausgleich aller Pannen,
aller *Pendler-Leiden* ...

Sa 21.12.2019
gab es diese eine Chance –
diesen wunderbaren *Moment*

So 22.12.2019
genussvoller *Genugtuung,*
erbaulicher Amtsanmaßung.

Mo 23.12.2019
War nen *rappelvoller Zug,*
der uns spät nach Hause trug,

Di 24.12.2019
mussten uns schon *zwängen,*
saßen also in den Gängen,

Mi 25.12.2019
als ich nebenbei bemerkte,
dass die (sogenannte) *Sprech-Stelle*

Do 26.12.2019
an der Tür von Wagen 31
– ob Schließdefekt – grad *offen stand.*

Fr 27.12.2019
In dem Kasten auch ein *Telefon*
für Ansagen im bekannten Standard-Ton,

Sa 28.12.2019
... hab dann ein bisschen *überlegt*
und den Eingriff nochmal abgewägt,

So 29.12.2019
doch gleich nach Bahnhof Hamm
die Gelegenheit *ergriffen*:

Mo 30.12.2019
bin aufgestanden und recht stramm
auf's Telefon der Sprechstelle *zu,*

Di 31.12.2019
hab den *Hörer* flugs gegriffen,
die Taste fest gedrückt und

Mi 01.01.2020
als Durchsage für beide Zugteile
meine *Botschaft* abgesetzt:

Do 02.01.2020
„Hallo Leute, hier spricht
Euer Kapitän – *Han Solo* –

Sa 03.01.2020
wir gehen jetzt auf *Lichtgeschwindigkeit*,
gute Reise!"

Sa 04.01.2020
Da ein paar verständnislose,
dort ein paar irritierte *Blicke*,

So 05.01.2020
noch ein Stirne-Runzeln
und ein stilles *Schmunzeln* …

Mo 06.01.2020
Kurz darauf schnauft dann
der *Schaffner* auch heran,

Di 07.01.2020
guckt strengen Blickes in die Runde,
doch hört aus *keinem* uns'rer Munde,

Mi 08.01.2020
In wer sich da *erdreistet* hat,
was das soll und überhaupt …

Do 09.01.2020
Ich schaue stolz und freudig auf –
die Sprech-Stelle wieder *fest verschlossen*,

Fr 10.01.2020
alles geht „nach Fahrplan" weiter,
in mir – trotz Verspätung: Stimmung *heiter*.

Sa 11.01.2020
Hab's beim Ausstieg Bielefeld
der *Zugbegleiterin* gebeichtet,

So 12.01.2020
die mit einem Augenzwinkern kommentiert:
„Einmal ist kein Mal" – ich bin damit *saturiert*!

X. Betrachtungen

Mo 13.01.2020
Betrachte ich die Welt,
so wie sie sich *verhält,*

Di 14.01.2020
dann kann man oft nur staunen
über ihre vielen *Launen.*

Mi 15.01.2020
Da gibt es *Dinge,*
Menschen und *Momente,*

Do 16.01.2020
um die ich ringe,
 sie besser zu *begreifen.*

Fr 17.01.2020
Zum Beispiel, erstens,
mal – der *Kugelschreiber:*

Sa 18.01.2020
ein *unauffällig Ding,*
das ich zum Einsatz bring

So 19.01.2020
und das – egal in welcher Hülle, Farbe, Form,
egal mit welcher Aufschrift und *Gravur* –

Mo 20.01.2020
in sich eine Mine trägt,
die meist auch *gute Miene* macht

Di 21.01.2020
zum nicht ganz selten bösen Spiel,
wenn beispielsweise dann der Knopf am Kulikopf

Mi 22.01.2020
sich beim Daumendruck *verklemmt*
und so den Vorstoß seiner Mine hemmt

Do 23.01.2020
oder wenn der Mine *Tintenpaste*
nunmehr eingetrocknet ganz versiegt

Fr 24.01.2020
und man das allerletzte Wort
partout *nicht aufgeschrieben kriegt*

Sa 25.01.2020
oder sich die Mine umgekehrt
entleert hernach *ganz ungeniert*

So 26.01.2020
und tintenpastig *klecksend*
das blütenweiße Blatt verschmiert

Mo 27.01.2020
oder wenn die *Feder*
nicht mehr federn will,

Di 28.01.2020
so dass die Mine ohne Halt
schlackert *willenlos* schon bald,

Mi 29.01.2020
oder sich die *Kulispitze*
nun gewinde-müde löst

Do 30.01.2020
– der Rest des Kulis döst –,
die Feder aber unbemerkt *verspringt*

Fr 31.01.2020
und einfach nicht mehr aufzufinden ist,
so dass der Anblick letztlich dazu *zwingt,*

Sa 01.02.2020
den Kuli besser zu *entsorgen,*
sich frei zu machen von dem Ding,

So 02.02.2020
das ich *so* bestimmt nicht mehr
zum Einsatz bring.

#

Mo 03.02.2020
Zum Beispiel, zweitens,

mal – der *Bundestrainer:*

Di 04.02.2020
ein *schalumschlungener,*
etwas selbstverliebter Mensch,

Mi 05.02.2020
der dem Fußball stets *die Treue hielt*
und dann ins nationale Traineramt geriet;

Do 06.02.2020
neunzehnsechzig, fern im Schwarzwaldtal geboren,
seiner Heimat *Sprache* nie verloren –

Fr 07.02.2020
manche Spiele schon,
zumal dem hohen Thron

Sa 08.02.2020
„Brasilien zwanzigvierzehn"
gleich das frühe *Aus* in Russland

So 09.02.2020
auf dem Fuße folgte ...
wenn auch *ohne Folgen* für den Coach.

Mo 10.02.2020
Doch kein *Nivea*-Fett
macht diese „Schande“ wett;

Di 11.02.2020
jetzt wird die Taktik variiert,
der eine oder andre *aussortiert*,

Mi 12.02.2020
die Hautcreme weiter aufgeschmiert
und hoffentlich *Courage* generiert –

Do 13.02.2020
wie auch immer: Mag Herr Löw
das Ganze *näselnd* kommentieren,

Fr 14.02.2020
mit Optionen *kokettieren*,
noch nen Espresso trinken gehen

Sa 15.02.2020
und gerne in der Werbung stehen,
nur die rechte *Einsatzfreude*

So 16.02.2020
sollte eben *anzumerken* sein,
statt vertrocknen hinter schalem Schein!

#

Mo 17.02.2020
Zum Beispiel, drittens, mal
der *Ich-werd-morgens-wach-Moment*,

Di 18.02.2020
egal zu welcher *Zeit,*
egal an welchem *Ort,*

Mi 19.02.2020
gibt uns erste schwere *Fragen* auf,
bevor der Tag hernach nimmt seinen Lauf:

Do 20.02.2020
Ist heute Montag, Mittwoch oder Sonntag?
Was liegt an, welcher *Film* läuft dazu ab?

Fr 21.02.2020
Und welche Rolle spiele *ich* darin?

Macht das Ganze Freude wie auch Sinn?

Sa 22.02.2020
Sollt ich besser liegen bleiben,
im *Unbewussten* weitertreiben

So 23.02.2020
und den Träumen tiefer folgen,
statt mich bloß am Tagwerk *aufzureiben*?

Mi 24.02.2020
So besehen kommt man
jeden Morgen *neu* auf diese Welt

Do 25.02.2020
und muss *sortieren*, was so anfällt,
entscheiden, ob das Dämmern anhält,

Fr 26.02.2020
bedenken, wie man starten will,
und den Lebensfaden *weiterspinnen* kann ...

Sa 27.02.2020
Der Ich-werd-morgens-wach-Moment
ist also eine *Zwischenwelt* –

So 28.02.2020
ein erster Flügelschlag
des *Nirgendwo* und *Irgendwann*,

Mo 29.02.2020
bevor der neue Tag
des *Hier und Jetzt*,

So 01.03.2020
des Da und Dort
uns wieder *vereinnahmt.*

XI. Gefühle

Mo 02.03.2020
Meine Mutter hat schon mal in tiefem Ton
– um *emotional* was draufzulegen – gesagt:

Di 03.03.2020
„Du kennst mir nicht,
wenn ich bin *böse!*"

Mi 04.03.2020
Doch ich bin (wie sie) *selten* böse,
soweit kenn ich mich –

Do 05.03.2020
außer: wenn mir Unrecht widerfährt,

wenn ich mich ganz und gar

Fr 06.03.2020
ungerecht behandelt fühle –
und daraufhin hochfahre oder unterkühle.

Sa 07.03.2020
Gefühle sind so ein *Wechselspiel*
von Empfindung und Regung,

So 08.03.2020
sind Ein- wie Ausdruck
unserer *Stimmungslagen*:

Mo 09.03.2020
Ich *habe* ein Gefühl
und *zeige* mein Gefühl,

Di 10.03.2020
wobei sich „das" Gefühl
auch *umgekehrt* entfalten kann:

Mi 11.03.2020
„Wenn mancher weinte,
will ich *lächeln* –

Do 12.03.2020
aus solcher Trauer
in die *Zuversicht*;

Fr 13.03.2020
wenn man frohlockte,
kann ich *weinen* –

Sa 14.03.2020
aus solcher Freude
in das *Weh* vom Glück."

#

So 15.03.2020
Gefühle klopfen nicht an,
sie *überkommen* uns …

Mo 16.03.2020
Doch will ich mein Gefühl
nach *außen* tragen,

Di 17.03.2020
mich auf's dünne Eis
der *Emotionen* wagen,

Mi 18.03.2020
einem oder allen
meine Trauer *klagen*,

Do 19.03.2020
etwas Feines über
meine *Freuden* sagen?

Fr 20.03.2020
Wie auch immer – mag sich das
von Mal zu Mal entscheiden,

Sa 21.03.2020
welche Tränen, Ängste, Nöte
die Gemütsbewegung *böte*,

So 22.03.2020
welchen Jubel, Stolz et cetera
ohne dass man bloß *erröte* ...

#

Mo 23.03.2020
Aber man kann auch
 schwelgen im Gefühl,

Di 24.03.2020
vor Kummer zerfließen
oder *springen* vor Freude,

Mi 25.03.2020
sich *verzehren* nach Liebe
oder hassen – wie der Liebe Diebe;

Do 26.03.2020
man kann all das zeigen,
sein Gefühl *besprechen*

Fr 27.03.2020
oder d´rüber *schweigen*
und Gefühle brechen,

Sa 28.03.2020
es für sich behalten
und *innerlich* zusammenfalten,

So 29.03.2020
ein kleines *Lächeln*
still darunter legen …

Mo 30.03.2020
Dann schweigt auch der *Harm*
und: im Herzen wird´s warm,

Di 31.03.2020
das fühlt sich *besser* an,
als es Kummer kann –

Mi 01.04.2020
mehr Frohsinn wird geweckt
und *Freude kultiviert,*

Do 02.04.2020
mithin *gehobene*
Stimmung generiert;

Fr 03.04.2020
der emotionale Haushalt
kommt stabil ins *Lot* –

Sa 04.04.2020
gefühlt dann „alles gut",
jenseits mancher Not …

So 05.04.2020
ganz wohlgestimmt,
vielleicht bis in den *Tod*.

XII. Irritationen

Mo 06.04.2020
„Das hat mich irritiert", *meint*:
verwirrt, verstört, verunsichert –

Di 07.04.2020
und kann uns als *Problem*
wie auch als Gewinn begegnen.

Mi 08.04.2020
Gestern hat mich ein Kollege irritiert,
heute ist es das *Corona-Virus*:

Do 09.04.2020
vom fernen Fledermaus-Markt
hat es einen *Weg* gefunden,

Fr 10.04.2020
den Erdball zu umrunden,
sich bei uns ganz *ungebunden*

Sa 11.04.2020
auszubreiten, die Plage täglich auszuweiten,
schärfer in unser Leben *einzuschreiten*,

So 12.04.2020
bis alles *Selbstverständliche*
gewichen, ja verblichen ist.

Mo 13.04.2020
Wie eine dunkle *Glocke*
hat sich dieses Virus

Di 14.04.2020
über unsren Alltag gelegt,
jeden berührt, *viele erregt*,

Mi 15.04.2020
ist dem Menschen in seinem Sein:
Zumutung und Lehrstück zugleich!

Do 16.04.2020
Man fühlt sich förmlich
eingeschlossen-ausgeschlossen,

Fr 17.04.2020
spürt die *Dissonanz*
zwischen aufblühendem Frühjahr

Sa 18.04.2020
und gesellschaftlichem Einfrieren,
die wachsende *Paradoxie*

So 19.04.2020
zwischen Einsicht, Umsicht, *Akzeptanz*
und Hamstern, Ausbruch, *Widerstand* –

Mo 20.04.2020
zwischen sozialer *Distanzierung*
und sozialer *Verantwortung,*

Di 21.04.2020
zwischen viraler *Dynamisierung*
und eigener *Entschleunigung,*

Mi 22.04.2020
zwischen globaler *Verstrickung*
und dem *Zurückgeworfen-Sein*

Do 23.04.2020
auf zu Hause –
und *sich selbst.*

#

Fr 24.04.2020
Sowieso hat Poesie
mit Irritation *zu tun*:

Sa 25.04.2020
als sie aufgebrachte Gedanken,
die *in uns* nicht wollen ruh'n,

So 26.04.2020
in Verse *verfrachtet*
und weiter verpachtet,

Mo 27.04.2020
als sie ihre so geformten Verse,

die *mit uns* nicht wollen ruh'n,

Di 28.04.2020
nach außen sendet
und manche damit blendet.

Mi 29.04.2020
Das mag vielleicht
wie folgt geschehen:

Do 30.04.2020
„*Poetische Landschaften*
werfen ihre weiten Schatten

Fr 01.05.2020
über Felder und Alleen; Ratten
hören was von Verwandtschaften,

Sa 02.05.2020
die es immer schon gab
zwischen allen *Wesen*; ich hab

So 03.05.2020
meine Verse auf Fluren notiert:
denn Lyrik gedeiht, wo sie *irritiert*."

#

Mo 04.05.2020
Die größte Verstörung
wie *Bewunderung*

Di 05.05.2020
haben in mir entfacht:
die Person und das Werk

Mi 06.05.2020
von *Wolfgang Herrndorf* –
in memoriam noch nicht verflacht.

Do 07.05.2020
„Dann trink doch schon mal ein Bier",
hier und nach dem Fußball mit mir!

Fr 08.05.2020
Nur zu gern hätt ich das,
Kopfball statt Kopfschuss gemacht

Sa 09.05.2020
und – *„lautlos geborgen*
im Schutz … der schimmernden Nacht" –

So 10.05.2020
über Dächer, Täler, Berge
bis zum Morgen *gewacht*.

Mo 11.05.2020
„Der Mensch lebt in seiner Vorstellung",
jeder in seiner *eigenen Welt* –

Di 12.05.2020
tut, was er für richtig hält
und für sich *zusammenstellt,*

Mi 13.05.2020
bis man ganz unversehens
aus seiner Bahn *geworfen* wird

Do 14.05.2020
und nicht mehr glaubt, was man will,
sondern was man *muss.*

Fr 15.05.2020
„Und Engel gibt es doch";

ein bisschen *bleibt* mir noch …

Sa 16.05.2020
„Malt Mami jetzt den Himmel bunt?"
Steig hinab des Orkus Schlund!

So 17.05.2020
„Ich fühlte mich wie ein Aussatz im All."
Ich spürte endlos diesen *Schreck im Fall.*

XIII. Bilder

Mo 18.05.2020
Das Leben ist *voller Bilder,*
sie hängen nicht nur an der Wand.

Di 19.05.2020
Wir tragen sie mit uns herum
als je *eigenen Bilder-Band*;

Mi 20.05.2020
nicht bloß Bilder von *Sonne und Strand,*
von lieben Menschen, Hand in Hand,

Do 21.05.2020
sondern oft auch böse Bilder *im Kopf,*
wo dieser Teil vom Band nicht ganz verschwand:

Fr 22.05.2020
Sehe noch uns fünf
erschrockene Gesichter

Sa 23.05.2020
nach einem *Sekunden-Schlaf-Unfall,*
im Auto auf der Leitplanke festgeklemmt.

So 24.05.2020
Sehe aber auch, rückenschwimmend,
den Himmel überm Sacrower See;

Mo 25.05.2020
sehe *viele, viele* Bilder –
gemalte, erinnerte, erdachte ...

Di 26.05.2020
Werde z. B. das Bild *nicht los,*
ins Bett gemacht zu haben

Mi 27.05.2020
und mich vor der ganzen Welt
zu *schämen*;

Do 28.05.2020
habe auch das Bild im Kopf,
als Kind *am Bach zu spielen*

Fr 29.05.2020
und den ersten kleinen *Molch*
zu fangen;

Sa 30.05.2020
habe außerdem das Bild im Sinn,
mal *Saxophon* zu spielen

So 31.05.2020
und mich Ton für Ton darin
zu *finden.*

#

Mo 01.06.2020
Schaue staunend *Noldes Bilder* an,
diese Formen, Farben – Mann, oh Mann!

Di 02.06.2020
Er lässt Wolken über Marschen wandern,
wie es sonst wohl *keiner* kann,

Mi 03.06.2020
und lässt *Himmel* über Wogen strahlen,
zeitlos bis ins Irgendwann –

Do 04.06.2020
ganz wunderbare Aquarelle:
„Überschwemmung" und die „Hohe See",

Fr 05.06.2020
weite *Watten-Expressionen,*
seine vielgereisten Phantasien

Sa 06.06.2020
und die Gartenblumenträume,
seine *„Ungemalten Bilder"*

So 07.06.2020
im Angesicht des Malverbots,
wie „Nansen" im *Roman.*

#

Mo 08.06.2020
Mag und *male selber*
 Bilder gern:

Di 09.06.2020
mit Wachsstift strukturiert
und drüber *aquarelliert –*

Mi 10.06.2020
verläuft das Ganze abstrahierend
zu Formen und Figuren,

Do 11.06.2020
die sich so *ergeben*
und: sich nach und nach *verweben;*

Fr 12.06.2020
habe viele Bilder schon gemalt,
auch verschenkt – und *aufgehängt,*

Sa 13.06.2020
sehe manche dieser Bilder gern:
vierundzwanzig ausgewählte

So 14.06.2020
von Irlands Küsten fern
über *fremde Welten* bis zum stummen Stern.

#

Mo 15.06.2020
Auch *Fotos* mach ich
regelmäßig –

Di 16.06.2020
unterwegs, zumal auf
Urlaubsreisen:

Mi 17.06.2020
von *Dingen, Menschen*
und Momenten,

Do 18.06.2020
wie sie mir *begegnen,*
auffallen, widerfahren…

Fr 19.06.2020
Gehöre noch zu jenen,
die ihre Fotos *aufbewahren*,

Sa 20.06.2020
gar in *Alben* kleben
und auch kommentieren,

So 21.06.2020
jede Seite *komponieren*:
um der Erinnerung ein Bild zu geben.

#

Mo 22.06.2020
Habe derzeit noch so ein Projekt
mit *Handy-Fotos*,

Di 23.06.2020
dort *ad-hoc* geschossen,
wo im Vorübergehen

Mi 24.06.2020
ein unentdecktes Bild erschien,
ein unverhoffter – ja

Do 25.06.2020
verquerer – Augenblick,
ein kleiner *Ausschnitt dieser Welt,*

Fr 26.06.2020
als Im- und Expression,
die sich *nicht von selbst erhellt,*

Sa 27.06.2020
vielmehr uns vor *Rätsel* stellt
und Objektives wunderbar verklärt

So 28.06.2020
in: *Abstraktionen des Realen,*
das verwunschen nunmehr mir gefällt.

XIV. Verwerfungen

Mo 29.06.2020
Auf gegerbten *Krusten* dieser Erde
wie auch eines jeden Lebens

Di 30.06.2020
sind sie *sichtbar*:
all die Verwerfungen,

Mi 01.07.2020
Bruchstellen, Verschlissenheiten
und tiefen *Zerrissenheiten*;

Do 02.07.2020
was nicht so glatt ging,

sondern sich *verfing* –

Fr 03.07.2020
die Statik verschob,
der Festheit *enthob*,

Sa 04.07.2020
manche Gräben,
viele *Furchen* zog,

So 05.07.2020
als Ganzes kaum noch
zusammen hing.

Mo 06.07.2020
„Tiefer Herzschlag
im Atlantischen *Graben*,

Di 07.07.2020
lässt ein sturmzerzauster Drache
schweren Atems jede Brust *erbeben*,

Mi 08.07.2020
zittern fernab
die *wild gekämmten* Aleuten."

#

Do 09.07.2020
Manche Gräben, *Spalten*
muss man meiden,

Fr 10.07.2020
fern sich, nochmal ferner halten –
kann nicht *alle überspringen,*

Sa 11.07.2020
nicht jede ganz bezwingen;
muss den *Umweg* dafür froh besingen

So 12.07.2020
und bestärkter weitergehen,
den Gefahren *widerstehen*.

Mo 13.07.2020
Doch jeder Graben, jede Spalte
birgt Gefahren wie auch *Chancen*;

Di 14.07.2020
die Verwerfung reißt Strukturen ein
und bildet *neue* aus.

Mi 15.07.2020
Bruchstellen markieren
Ende wie Beginn –

Do 16.07.2020
ein *Vulkan* kann töten
und befruchten,

Fr 17.07.2020
in mancher heißen Quelle
lässt sich *baden*,

Sa 18.07.2020
ein *Azoren-Eintopf*
fertig garen;

So 19.07.2020
manche tiefe Risse
hinterlassen *nicht nur Narben*.

Mo 20.07.2020
Auch *Lebensläufe* sind

nicht immer glatt und eben,

Di 21.07.2020
zuweilen geht da was kaputt
oder mal *daneben*;

Mi 22.07.2020
kann als *fest Geglaubtes*,
schon Geschafftes wie Geplantes,

Do 23.07.2020
zerbrechen – also *scheitern* –
und mag uns eine Lehre sein

Fr 24.07.2020
sowie den *Horizont erweitern*;
kann – nicht nur zum Schein –

Sa 25.07.2020
der allererste Schritt
auf dem Weg zum *Wandel* sein,

So 26.07.2020
kann den Durchblick schärfen
und uns helfen: Fixes zu *verwerfen.*

#

Mo 27.07.2020
So betrachtet, scheint
wohl *jegliche* Verwerfung

Di 28.07.2020
als Ausdruck einer Trennung
und erfolgten *Ablösung* –

Mi 29.07.2020
von dem und Allem,
was man *hinter sich lässt,*

Do 30.07.2020
nicht mehr sehen kann,
nicht mehr machen wird;

Fr 31.07.2020
was schon längst verlassen
oder *aufgegeben* wurde –

Sa 01.08.2020
von dem und Allem,
was als Anlaufpunkt zerfiel,

So 02.08.2020
was sich mithin
verworfen hat.

XV. Vorgänge

Mo 03.08.2020
Was bloß *geht hier vor,*
fragen wir gelegentlich

Di 04.08.2020
und warten wie im Chor
auf ein Echo als *Signal*:

Mi 05.08.2020
Wie nur ist der Vorgang
zu *verstehen,*

Do 06.08.2020
welcher *Sinn* demselben
 anzusehen?

Fr 07.08.2020
Muss das denn so sein
und laufen,

Sa 08.08.2020
soll es *überhaupt*
geschehen

So 09.08.2020
und auf *diese Weise*
vor sich gehen?

#

Mo 10.08.2020
Nicht über jeden Vorgang
kann und möcht ich sprechen,

Di 11.08.2020
wie die *Steuererklärung*
oder alkoholische Gärung,

Mi 12.08.2020
nicht jeden Vorgang
muss man *hinterfragen*,

Do 13.08.2020
wie das *Sterben*
oder *Erben*;

Fr 14.08.2020
nicht jeder scheint mir *relevant* genug,
was dazu zu sagen,

Sa 15.08.2020
wie das *Sparen*
oder *Prassen* –

So 16.08.2020
will es mal bei *zwei*
belassen …

#

Mo 17.08.2020
Werbung ist ein Vorgang
des Kommerz,

Di 18.08.2020
erwärmen fürs Produkt soll sie
unser *Herz;*

Mi 19.08.2020
erzeugt jedoch, im Gegenteil, auch
manchen *Schmerz,*

Do 20.08.2020
uns zugefügt als ziemlich
schlechter Scherz:

Fr 21.08.2020
„Seidenlacher,
Seidenlacher!

Sa 22.08.2020
Weischt schon –
Seidenlacher!

So 23.08.2020
Seidenlacher *Bergsteigermüsli,*
Bergsteigermüsli von Seidenlacher!

Mo 24.08.2020
Jetzt *probierscht* halt mal –

Seidenlacher!

Di 25.08.2020
Seidenlacher *Biobasisöl,*
Biobasisöl von Seidenlacher!

Mi 26.08.2020
Jetzt probierscht halt, Kalle,
du und alle!

Do 27.08.2020
Nimm's net von irgendwo,
noi – von Seidenlacher!

Fr 28.08.2020
Müsliriegel, Dinkel-Urgetreide
von: *Seidenlacher!*

Sa 29.08.2020
Lecker, lecker, lecker –
was für'n Kracher …

So 30.08.2020
Werbung wie von Seidenlacher
wird mithin zum ärgsten *Widersacher!*

Mo 31.08.2020
Nächster Vorgang:
die *Zugteilung*

Di 01.09.2020
eines *ICE* – bestehend
aus zwei Zugteilen,

Mi 02.09.2020
die nach vielen Meilen,
zusammen fahrend

Do 03.09.2020
und bei vollem Tempo
sich beständig paarend,

Fr 04.09.2020
kommend aus Berlin,
statt *gemeinsam* weiter zu enteilen

Sa 05.09.2020
nach nur kurzem – hier in Hamm – Verweilen
abgekoppelt werden müssen,

So 06.09.2020
wenn's denn diesmal klappen möchte,
ohne mit dem Vorgang nun *die Abfahrt zu verpeilen.*

Mo 07.09.2020
Denn leider kommt es manchmal vor,
dass die beiden auseinander *sollen,*

Di 08.09.2020
aber sich *partout nicht trennen lassen wollen,*
dass mithin der Entkoppelungsversuch versagt

Mi 09.09.2020
und der Beobachter alsbald verzagt
ob dieser *Widerspenstigkeit* …

Do 10.09.2020
mit der sich dann *die Weiterfahrt vertagt*
und – statt getrennter Wege –

Fr 11.09.2020
der *ungeteilte* Doppelzug auf einem Gleise

sich in nur eine, *dieselbe* Richtung wagt,

Sa 12.09.2020
so dass wohl jedem Fahrgast
– wenn auch *ungefragt* –

So 13.09.2020
das ganze An- wie Abgekoppel
überhaupt nicht mehr behagt.

XVI. Bewegungen

Mo 14.09.2020
Wenn wir unsern Körper
in Bewegung bringen,

Di 15.09.2020
wenn wir, soweit angestoßen,
im Bewegen *schwingen*

Mi 16.09.2020
und die Glieder
ihren *Rhythmus* singen

Do 17.09.2020
– beim Wandern, Schwimmen, *Spielen,*

beim Radeln, Klettern, Kämpfen,

Fr 18.09.2020
beim Laufen, Turnen, Tanzen,
beim *Sport* im großen Ganzen –,

Sa 19.09.2020
dann wird das Sich-Bewegen
zu einem ganzheitlichen *Reigen*

So 20.09.2020
aller Sinne, Kräfte, Freuden:
wird zum Genuss im *Bewegungsfluss.*

Mo 21.09.2020
So *fühlt* sich das Bewegen an,
etwa wenn du einen Abhang

Di 22.09.2020
Schwung um Schwung hinunterfährst,
deine Kraft beim Klimmzug klärst,

Mi 23.09.2020
wenn du – lange laufend –
in den *Flow* hineingerätst,

Do 24.09.2020
beim Fußball oder Tennis einen Ball versenkst
oder mit dem Rennrad – *runder rollend* –

Fr 25.09.2020
in die nächste Kurve lenkst,
wenn du, *sofern zäh gestartet,*

Sa 26.09.2020
nunmehr, besser als erwartet,
im Sich-Bewegen *aufgeh'n* kannst

So 27.09.2020
und das Drumherum vergisst,
weil du *nur in diesem Tuen bist.*

Mo 28.09.2020
So ist es grad beim *Schwimmen,*
wenn das Wasser wie die Zahl der Menschen

Di 29.09.2020
– ohne sich zu nah zu kommen –
und auch die *Umgebung* stimmen;

Mi 30.09.2020
man taucht nun *ein*
und unter,

Do 01.10.2020
spült den Alltag sich vom Leib
herunter,

Fr 02.10.2020
nimmt die *Frische* auf,
spürt das Kühle auch –

Sa 03.10.2020
schiebt und zieht sich
Zug für Zug voran,

So 04.10.2020
durchmisst das Nass
im Gleiten dann.

Mo 05.10.2020
Gern im *See* –

wann immer ich kann.

Di 06.10.2020
„*Morgenschwimmen*:
Es ist früh.

Mi 07.10.2020
Tintig liegt der See
und *schweigt* in seinem Grund.

Do 08.10.2020
Die kleinen Inseln schlafen noch;
das Wasser wartet.

Fr 09.10.2020
Ich ziehe mir
seine *blaue Haut* über.

Sa 10.10.2020
Unsere Seelen
gleiten *ineinander.*

So 11.10.2020
Wir werden eins.
Es verschwimmt."

Mo 12.10.2020
Ganz im Bewegen aufzugehen,
gleichzeitig von sich *abzusehen,*

Di 13.10.2020
das gelingt besonders gut
im Spiel: in dieser Flut

Mi 14.10.2020
von Spiel-*Momenten,*
in jenem Spielgeschehen,

Do 15.10.2020
das – mit Strategien unterlegt –
von *Überraschung wie auch Wendung* lebt,

Fr 16.10.2020
das mit *Bällen*
seine Attraktoren hegt,

Sa 17.10.2020
ein *Mit- im*
Gegeneinander pflegt,

So 18.10.2020
das als Freiraum
sich und uns bewegt.

XVII. Aphorismen

Mo 19.10.2020
Geflügelte Worte
tragen Einsicht

Di 20.10.2020
an viele ferne Orte –
knappe, *spitze Sätze*

Mi 21.10.2020
von der weisen Sorte:
wiederkehrend *zitierte,*

Do 22.10.2020
lange während tradierte
Aphorismen *in Hülle und Fülle.*

Fr 23.10.2020
„Erkenne dich selbst!",
wurde früh uns aufgetragen;

Sa 24.10.2020
ist leichter gesagt *als getan*
und wird als Chance oft vertan,

So 25.10.2020
wenn wir eifrig durchmarschieren,
ohne uns derweil zu *reflektieren.*

#

Mo 26.10.2020
„Carpe diem!",
schrieb Horaz uns ein;

Di 27.10.2020
das scheint *zunächst*
auch motivierend,

Mi 28.10.2020
denn *tempus fugit*
et vita brevis –

Do 29.10.2020
da muss man ja die Zeit
und jeden Tag wohl *bestens nutzen* …

Fr 30.10.2020
Doch, mich selbst erkennend,
beginne ich zu *stutzen*

Sa 31.10.2020
und halte, mich bekennend,
selbstbewusst *dagegen*:

So 01.11.2020
„Hinfort mit diesem agitatorischen Imperativ,
kein Carpe diem soll uns leiten!

Mo 02.11.2020
Überholverbot – die Vita activa hat ausgedient.
Immer parat, zugepackt, forscher, fixer, mehr:

Di 03.11.2020
Ideologie der Hypertrophen. – *Bleibt ruhig!*
Seid gefangen und lasst euch berauschen!

Mi 04.11.2020
Lasst die Zeit vorüberziehen; *werdet passiv!*
Lasst auch Dinge liegen; seid öfter faul!

Do 05.11.2020
Ehret das Beschauliche und bewahret die Stille!
Verneigt euch vor dem Nichts!" #

Fr 06.11.2020
Ein Aphorismus für die *Ewigkeit,*
auch moralisch keine Kleinigkeit,

Sa 07.11.2020
lautet – als *Goldene Regel* formuliert
und immer weiter transportiert:

So 08.11.2020
„Was du nicht willst, dass man dir tu',
das füg' auch keinem Andern zu!"

Mo 09.11.2020
Klingt nach einem Clou,

so klar und *richtig* –

Di 10.11.2020
mit dem „tu" und „zu":
einfach und auch *wichtig* –

Mi 11.11.2020
vielleicht mal als *Tattoo*
in den Unterarm graviert;

Do 12.11.2020
oder wird es *nichtig,*
wenn man sich mit etwas ziert,

Fr 13.11.2020
das im Alltag ohne ganze Kraft
wird *vielfach nicht so recht geschafft*?

Sa 14.11.2020
Hierher *passt* auch, wie schon oft,
ein Satz von Goethe, dass man nicht zu viel erhofft:

So 15.11.2020
„Die Botschaft hör ich wohl,
allein mir fehlt der Glaube."

Mo 16.11.2020
Wer mag aus welchen Gründen
an welche *Botschaft* glauben?

Di 17.11.2020
Wer will aus welchen Gründen
die *letzte Hoffnung* rauben?

Mi 18.11.2020
Wer kann aus welchen Gründen
die Botschaft und den Glauben *klauben*?

#

Do 19.11.2020
Noch mehr viel bemühte Sprüche,
wie das *„Alles hat seine Zeit"*,

Fr 20.11.2020
will ich uns *ersparen,*
um die Contenance zu wahren,

Sa 21.11.2020
auf ein *„Komme, was wolle"*
oder „Von nichts kommt nichts"

So 22.11.2020
hier *verzichten*
und den Blick stattdessen richten

Mo 23.11.2020
auf aphoristisch *vermeintlich*
klar wie weise Worte –

Di 24.11.2020
lese sie mal kritisch,
etwa *„Mit den Wölfen heulen"*

Mi 25.11.2020
als ein schönes Beispiel
für das *Sinnspruch-Hinken,*

Do 26.11.2020
denn: „Wer mit den Wölfen
heult, ist *gar keiner,*

Fr 27.11.2020
ist nicht wirklich
 grau, zerrissen, *einsam."*

Sa 28.11.2020
Insofern scheint es heilsam,
eines *jeden* Aphorismus

So 29.11.2020
Sinn für sich zu *prüfen,*
statt diesem nach dem Mund zu reden.

#

XVIII. Ausstiege

Mo 30.11.2020
Am Tag zwei Zeilen aufzuschreiben,
zwei Jahre ohne steh'n zu bleiben,

Di 01.12.2020
das ging – zurück geschaut –
besser, als ich's mir zugetraut:

Mi 02.12.2020
Hab die Kladde *gern* zur Hand genommen,
beim Schreiben täglich *Poesie gewonnen*

Do 03.12.2020
und den Alltag so *verwandelt,*

mit nem Künstlerleben angebandelt;

Fr 04.12.2020
bin die vielen *Themenkreise*
von eins bis dato durchgegangen

Sa 05.12.2020
und war in manchen Themen ganz *verfangen,*
dass mir Verse – schlecht bis recht – gelangen,

So 06.12.2020
die dann jede Woche *samstäglich*
ihren Weg ins Laptop fanden.

#

Mo 07.12.2020
Hab nicht mehr viel dran korrigiert,
es wird ja auch noch *redigiert* ...

Di 08.12.2020
das Ganze war ein *langer Fluss,*
nicht immer wie aus einem Guss:

Mi 09.12.2020
ein Lyrik-Fließgewässer,
Ausdruck des Durchlebten,

Do 10.12.2020
des so mir *Eingewebten*
und nunmehr Aufgeklebten.

Fr 11.12.2020
Mit manchen Themen
lief es *runder,*

Sa 12.12.2020
andere brannten *zögerlich,*
nicht wie krauser Zunder –

So 13.12.2020
zuweilen war es fast ein *Wunder,*
dass überhaupt ein Vers zustande kam.

#

Mo 14.12.2020
Zwei Jahre sind *verflogen,*
hab sie lyrisch ausgesogen,

Di 15.12.2020
hab bei allem kaum gelogen,
doch mich manchmal *ausgezogen* …

Mi 16.12.2020
und so manches aufgeschrieben,
das nicht jedem möcht' belieben.

Do 17.12.2020
Der Zyklus scheint fast systematisch,
er bleibt jedoch nur *fragmentarisch*:

Fr 18.12.2020
lose Lyrik auf dem *Streifzug,*
wohin der Zufall meine Verse trug –

Sa 19.12.2020
wohin so die Gedanken streiften
und im Schreiben weiter *reiften,*

So 20.12.2020
wenn auch nicht zu einem Ganzen,
doch vielleicht zu einem *Bilde* –

Mo 21.12.2020
vom *Leben: Tag für Tag,*

von diesem bis zu jenem,

Di 22.12.2020
das mir – mal bewusst,
mal unbewusst – *am Herzen lag* …

Mi 23.12.2020
ein *Projekt der Poesie,*
das nun zu Ende geht:

Do 24.12.2020
„Ach, so schrecklich schnell
verging die Zeit,

Fr 25.12.2020
war *kein Halten,*
kaum Verweilen;

Sa 26.12.2020
blieb nur Asche auf den Meeren,
verblasste die Erinnerung –

So 27.12.2020
war alles, ach,
so schnell vorbei."

Mo 28.12.2020
Die Suche ging
nach wohl *Bedeutsamem,*

Di 29.12.2020
die Zeit verstrich
auch in *Belanglosem*:

Mi 30.12.2020
nur ein paar *Posen,*
kein großes Tosen –

Do 31.12.2020
das Leben:
ein *Rauschen.*

Inhalt

Quellenangaben: Sämtliche Zitate aus:
Eckart Balz, *Stillgelegte Gleise*. Gedichte.
chiliverlag 2019

Erschienen im **chiliverlag** (Auswahl):

Klára Hůrková, Licht in der Manteltasche. Gedichte
ISBN 978-3-943292-86-2

Wolfgang Oppler, Zimtrausch, Kaufbaum, Tannenstern
Weihnachtsgeschichten
ISBN 978-3-943292-83-1

Rolf Birkholz, Das Fell der Welt. Gedichte
ISBN 978-3-943292-80-0

Eva Masthoff, Vom Geschmack der Erinnerung. Erzählungen
ISBN 978-3-943292-77-0

Fritz Deppert, Rückrufe. Gedichte
ISBN 978-3-943292-73-2
Fritz Deppert, Klagelied winterzu. Gedichte
ISBN 978-3-943292-57-2

Franziska Röchter (Hg.), wir wölfe. Gedichte
ISBN 978-3-943292-45-9
Franziska Röchter (Hg.), Herzschlaf.
Gedichte und Kurzprosa
ISBN 978-3-943292-35-0

Alex Dreppec, Tanze mit Raketenschuhen – Dance with Rocket Shoes
Science Slam Poetry
ISBN 978-3-943292-50-3

Eckart Balz
Stillgelegte Gleise
Gedichte
chili verlag

Die lyrische Auswahl in diesem Band geht auf 40 Jahre persönliche Lebensgeschichte des Autors zurück. Erlebtes, Gefühltes, Gedachtes, Momente und Erinnerungen lassen Stimmungsbilder entstehen, die den Lesenden anregen, sich die Poesie im Leben zu bewahren.
chili verlag
EURO 12,90
ISBN 978-3-943292-75-6

1. Auflage Juni 2021
Detaillierte bibliographische Daten sind unter http://dnb.ddb.de bei der Deutschen Nationalbibliographie abrufbar.

Produktion: chiliverlag
ISBN 978-3-943292-93-0
www.chiliverlag.de